AFFAIRES

D'ÉGYPTE

NOTE A CONSULTER

PARIS

IMPRIMERIE ET LIBRAIRIE CENTRALES DES CHEMINS DE FER

IMPRIMERIE CHAIX

SOCIÉTÉ ANONYME AU CAPITAL DE SIX MILLIONS

Rue Bergère, 20

1884

AFFAIRES D'ÉGYPTE

Note à Consulter

Est-il nécessaire de modifier la loi de liquidation des Dettes égyptiennes ? Et quelle devrait être la nature exacte des changements à y introduire ?

En ces termes, le Ministre des Affaires étrangères de la Grande-Bretagne a défini le mandat de la Conférence que, par sa dépêche du 19 avril dernier, il a proposé aux grandes puissances de réunir à Londres ou à Constantinople.

Cette initiative de lord Granville a donné lieu à des négociations entre les Cabinets. Par les déclarations de la tribune parlementaire anglaise, nous savons que ces négociations, dont l'honneur et la charge ont été attribués au Cabinet français, ont abouti à une entente sur les questions politiques et que rien ne s'oppose plus à la réunion de la Conférence appelée à délibérer sur les questions exclusivement financières.

Nous ignorons la marche qu'ont suivie les négociations ; des conclusions auxquelles elles ont abouti, nous ne connaissons que ce qu'en ont dit les journaux, dont les informations contradictoires et surtout l'invraisemblance de l'extension qu'ils attribuent à des

négociations toutes préliminaires, nous prouvent que le secret diplomatique a été bien gardé en cette occurrence.

Demain, le secret sera rompu, et les Parlements des deux côtés de la Manche seront mis à même d'apprécier la manière dont leurs gouvernements auront jugé nécessaire et suffisant de protéger leurs intérêts nationaux respectifs.

Demain, la discussion sera ouverte ; aujourd'hui nous paraît peut-être le jour où il convient de se représenter à l'esprit les données du problème que la diplomatie anglaise a posé à l'Europe et dont la solution est destinée à exercer une influence incommensurable, dépassant considérablement le coin de terre auquel elle s'applique directement.

Nous ne discutons pas, ne faisant pas œuvre de polémique ; nous rédigeons une note à consulter, souhaitant que le lecteur y reconnaisse une *œuvre de bonne foy*.

L'AUTEUR.

Paris, le 22 juin 1884.

AFFAIRES D'ÉGYPTE

On devait s'y attendre, le gouvernement anglais
ayant, dès 1882, manifesté son intention de relâcher les
liens par lesquels l'administration égyptienne est tenue
envers les puissances européennes; on devait s'y attendre en 1883, quand, le 3 janvier, une dépêche de lord
Granville aux ambassadeurs à Paris, Berlin, Vienne,
Rome et Pétersbourg exprimait la confiance que bientôt
le gouvernement de la Reine serait en mesure de formuler ses propositions concernant la loi de liquidation
et destinées à produire par certains changements dans
les détails une économie plus grande et une méthode
plus simple sans diminuer la sécurité des créanciers.
Lord Granville, sans doute, était sincère, quand il an-
nonçait en ces termes un projet tendant à modifier la
loi internationale du 17 juillet 1880; sans doute aussi,
la proposition en étant faite dans les conditions prévues
par lui le 3 janvier 1883, il n'aurait pas rencontré les
mêmes difficultés ni surtout les mêmes objections
qu'il s'est préparées par sa dépêche du 19 avril 1884.
Ce n'est plus à une simplification administrative que
la loi de liquidation doit céder la place; elle est des-

tinée à mettre l'Egypte en état de subvenir aux charges nécessaires à la paix et au bon gouvernement du pays.

La question ainsi posée et à laquelle le langage du *Foreign-Office* n'avait pas préparé les Cabinets, devait évoquer chez tous celle des mesures que le gouvernement anglais avait auparavant prises dans les affaires intérieures de l'Egypte. Cette question se posait si obligatoirement que les journaux de Londres et les membres de la Chambre des Communes en sentaient toute la gravité et s'attachaient à prévenir l'extrémité tant redoutée par eux du rétablissement du contrôle mixte. Elle ne devait pas moins frapper l'attention des hommes d'Etat du continent, et sans être dans le secret des dieux, nous pouvons, sur la foi des correspondances antérieures déjà publiées, admettre que le gouvernement anglais s'était préparé à montrer dans la Caisse de la Dette l'organisme capable de conjurer les objections que pourrait rencontrer la modification de la loi de liquidation.

La solution préparée à cette question dans les négociations entre la France et l'Angleterre nous paraît être la pierre angulaire de la combinaison nouvelle ; et nous saurons prochainement si elle est destinée à devenir la pierre d'achoppement du Cabinet Gladstone ou du Cabinet Ferry ou de l'un et de l'autre.

C'est cependant le point sur lequel la presse anglaise a été le moins prodigue d'informations. Elle s'est attachée aux considérations ou, plus exactement, aux visées politiques : la Chambre des Communes partagera-t-elle ces dernières et repoussera-t-elle la confirmation du Protocole de désintéressement? Quant à notre Chambre des députés, ne l'adoptera-t-elle pas plus volontiers avec toute la valeur qu'il convient d'attacher à des engagements de cette nature ? Quel que soit à cet égard l'accord intervenu entre les deux gouvernements, nous avons la confiance qu'il ne subira aucune atteinte dans les Chambres françaises.

Celles-ci seront, par contre, plus désireuses de scruter le degré d'autorité que les combinaisons nouvelles tendent à reconnaître à la Caisse de la Dette. Ici, ce n'est point méfiance envers un Cabinet et un pays amis; c'est prudence légitimée par l'expérience. Les négociateurs français ont rendu service à l'Angleterre elle-même, si, sacrifiant les revendications qui les ferait accuser de chauvinisme et justifierait le chauvinisme des autres, ils ont insisté pour doter l'administration égyptienne d'un contrôle international qui la mette à l'abri des intempérances dont les effets si lamentables ont été si prompts à se manifester. Ils auront rendu service à l'Egypte, et, après qu'un incident qui tiendrait de la fatalité s'il ne se devait juger par les faits qui l'ont amené a laissé péricliter le bon renom de la France dans la vallée du Nil, ils y auront restauré notre influence en lui ménageant un bon et vrai conseil de tutelle dans cette phase de son histoire.

Dans cet ordre d'idées, la Chambre des députés n'hésitera pas sans doute à suivre le Cabinet, à accompagner de son vote la parole de ses plénipotentiaires; et, quand elle sera convaincue que la réforme administrative ne devient point funeste à la politique proprement dite, elle n'aura plus qu'à porter une attention complémentaire et d'autant plus efficace aux questions finan-

cières qui vont être l'objet de la prochaine Conférence.

Dans l'examen des questions politiques, le Parlement français sera, par essence, plus conciliant que le Parlement anglais pour l'accord intervenu entre les deux Cabinets. Il se prêtera à oublier le contrôle anglo-français pour lequel on se montre si ingrat sur les bords de la Tamise ; il votera le bill d'indemnité à l'acte qui y supplée le contrôle international, mais il se montrera d'autant plus minutieux pour l'examen des questions exclusivement financières. Etranger que nous sommes à l'action diplomatique, nous nous croyons toutefois assez initié dans ses procédés habituels pour refuser d'ajouter foi aux indiscrétions qui prétendent révéler des décisions déjà arrêtées jusque sur les détails des conventions à intervenir au sein de la Conférence et de l'opération financière à conclure après sa séparation. Nous ne croyons pas à des décisions déjà prises ; nous ne refusons pas de croire que M. Waddington et lord Granville à Londres, M. Jules Ferry et lord Lyons à Paris se soient déjà entretenus officieusement de tous ces points. Or, puisque nous y croyons dans ces limites, nous voulons croire aussi que la Chambre des députés prendra acte des indiscrétions commises ou des suppositions volontaires pour faire entendre ses vœux au gouvernement.

Des vœux ? non ; ce n'est pas l'expression convenable. Nous entendons quotidiennement depuis deux mois la tribune anglaise retentir de protestations pré-

maturées contre toute parole qui ne serait pas une
parole anglaise dans les conseils du vice-roi, contre
toute main qui ne serait pas celle d'un Anglais dans
les affaires de l'Egypte. La tribune française n'aurait à
protester que contre la violation des engagements in-
ternationaux, si une telle violation entrait dans l'esprit
des gouvernements; et elle trouverait de l'écho dans
tous les autres Parlements, s'il se confirmait que, dans
les plans goûtés à Londres et adoptés à Paris, la Caisse
de la Dette resterait limitée à quatre membres, et que
de ces quatre, le membre anglais deviendrait et resterait le président avec voix double, qu'elle n'aurait,
en tout et après tout qu'un rôle inférieur à celui qui
lui était dévolu lors de sa création.

Si telle était la proposition anglaise, elle serait sûre-
ment repoussée par la Conférence. On ne réforme pas
pour annuler l'instrument dont on proclame l'utilité.

Moins encore croyons-nous que la Conférence euro-
péenne se prête à sanctionner l'opération financière
telle qu'elle est présentée comme nécessaire à l'Egypte
actuelle et comme résolue dans les délibérations préliminaires qui ont eu lieu entre la France et l'Angleterre.
De quoi s'agit-il à en croire les informations ayant
cours ?

C'est, si notre mémoire ne nous trompe, lord Pal-
merston qui a lancé cet adage que l'Angleterre ne va
pas en guerre pour les usuriers. Les usuriers, ce sont
les particuliers qui placent leurs capitaux dans les fonds
d'Etats étrangers; ils l'ont fait le plus souvent à la satis-

faction de leur gouvernement, quelquefois même avec son encouragement avéré. L'intérêt national n'est pas toujours contrarié par des opérations de ce genre, et les exemples sont nombreux où les calculs de la politique les ont favorisées.

Les emprunts égyptiens, de même que les emprunts ottomans, sont incontestablement dans ce cas. Vienne le moment fatal que la diplomatie a quelquefois souhaité si elle ne l'a pas amené, vienne, disons-nous, le moment où l'État emprunteur ne peut plus faire honneur à ses engagements, où les capitaux compromis invoquent le secours, la protection de leur gouvernement, alors dame Diplomatie leur répond par le cri d'usuriers, ou accorde à leurs plaintes cet enterrement de première classe qui s'appelle l'intervention officieuse. Cet adage ne fait pas toujours loi dans les fastes de la diplomatie ; il subit des exceptions, selon le gré des opportunistes de la politique ; nous en avons un exemple devant nous dans le Chili ; mais combien ne pourrait-on pas en citer où l'existence de l'adage a suffi pour encourager à la banqueroute préméditée des Etats de mauvaise foi ? Quoi qu'il en soit de cette loi *sui generis* dans le droit des gens, elle ne peut trouver son application à l'Egypte ni à ses créanciers. Ceux-ci le sont non de l'Egypte mais des Etats qui, au mépris de leur adage, sont intervenus activement pour régulariser, légitimer, sanctionner une situation financière moins compromise par les méfaits d'un Ismaïl Pacha que par les procédés d'un M. Disraëli et par les principes humanitaires d'un M. Gladstone conseillé par un lord Dufferin et confiant en un sir Clifford. Il n'y a plus d'usuriers parmi les porteurs de la Dette égyptienne : la France, l'Angleterre, l'Allemagne, l'Autriche, l'Italie ont purgé cette Dette des reproches que lui avait valu à un certain temps la condition aléatoire de son Crédit public. Elle a subi la réduction quand l'enquête poursuivie sous les auspices des grandes puissances et avec l'approbation des autres avait démontré que l'Egypte, impuissante à payer au taux de 7 0/0, pouvait bien le faire à celui de 5 0/0 ; elle a consenti à la soustraction d'une unité nouvelle, lorsqu'on lui a dit que cette unité enlevée aux intérêts et affectée à l'amortissement contribuerait à la prospérité de l'Egypte et à sa propre plus-value. Où sont les usuriers dont on doive se détourner avec horreur, pas assez cependant pour ne pas puiser d'abord dans leur poche les ressources désirées pour doter un nouvel emprunt ?

Il est aisé de les trouver, pourvu qu'on cherche la signification du terme dans son étymologie. Mais en est-il bien besoin ? Il ne nous plaît guère de nous escrimer contre des moulins à vent ; ce n'est pas d'ailleurs ce sentiment que d'aucuns se permettent de mettre en avant pour donner une apparence de fondement aux projets tendant à réduire le coupon de la rente égyptienne. Ils ont peut-être pitié des malheureux détenteurs, mais ils ont ou affectent d'avoir une pitié plus grande encore pour l'Egypte, la pauvre Egypte. C'est l'argument dont se sert lord Granville faisant appel au sentiment bien connu des grandes puissances pour la prospérité de ce pays. Certes, rien de ce qui peut contribuer au bien-être du pays de Mehmet-Ali ne nous paraît indigne des égards des Chambres françaises ; mais leur bienveillance n'a pas, nous semble-t-il, à aller au-devant des tendances que lord Granville ne professe pas parce que rien ne les justifie ; bien au contraire.

En effet, l'Egypte se trouve dans une situation financière très embarrassée ; les difficultés actuelles proviennent (nous traduisons, en les résumant, les termes de lord Granville) : 1° des indemnités dues aux victimes du bombardement d'Alexandrie, évaluées à 125 millions de francs ; 2° des frais d'évacuation du Soudan, estimés 37 millions, et 3° du déficit budgétaire courant, ainsi que des dépenses à affecter aux travaux d'irrigation.

Il y a donc deux choses à faire, conclut l'Exposé de la situation annexé à la dépêche du 19 avril :

1° Emprunter environ £ 8,000,000 (soit francs 200,000,000) ;

2° Équilibrer à l'avenir les recettes et les dépenses.

Pour satisfaire à cette double nécessité, le Cabinet anglais propose aux Cabinets des grandes puissances de modifier la loi de liquidation, de façon à rendre licite l'émission de l'emprunt et à le nantir d'un revenu. On n'en saurait disconvenir, l'assentiment des puissances et l'autorisation du sultan sont indispensables pour l'émission d'un nouvel emprunt devenu nécessaire.

S'agit-il de le doter d'un fonds pour le service des intérêts, l'Exposé susdit nous paraît connaître un excellent endroit pour le trouver : il nous montre le service de l'amortissement fonctionnant pendant les trois exercices 1881 à 1883, et portant sur £ 186,000 de Privilégiée et £ 1,781,000 d'Unifiée.

Qu'on calcule le montant des sommes déboursées de ce chef et qu'on le divise par trois, et l'on arrive à un chiffre annuel dépassant considérablement le nantissement de l'emprunt à émettre.

Sans doute, l'assentiment des puissances qui ont collaboré à la loi de liquidation est nécessaire pour disposer des fonds qu'elle affecte à l'amortissement des dettes existantes ; sans doute aussi, l'assentiment des détenteurs actuels est désirable ; mais il est également hors de conteste que, l'Egypte elle-même doit être appelée à supporter sa part de la charge, puisque, pour ne citer ici que ce motif, elle en retire tout le bénéfice sans autre conséquence pour elle que de rester plus longtemps sous le poids de sa dette. Qu'on limite la modification à l'amortissement de la Dette unifiée, dont la suspension ne cause aucun préjudice direct aux rentiers qui ont eu confiance dans la qualification de « Dette privilégiée », et l'on a, sans douleur ni crise, ni pour l'Égypte ni pour ses créanciers, remédié à l'embarras actuel ; mais qu'on n'aille pas dépasser les déclarations du *Foreign-Office*, comme on le fait en lui prêtant l'intention de dépouiller en fait les porteurs d'obligations égyptiennes. Nous n'y croyons pas, et dussions-nous être dans l'erreur, dût-on nous donner l'assurance positive et officielle que c'est bien à cela que vise la diplomatie anglaise, que la diplomatie française a jugé bon d'y adhérer, que la diplomatie tout entière est prête à apposer ses sceaux sur un tel acte de spoliation en tous points imméritée, nous dirions encore qu'il suffirait au Parlement français d'y résister au nom de la raison universelle, au nom de l'éternelle justice, pour écarter toutes les combinaisons plus ou moins avouables de la politique. Il est de principe dans le monde civilisé que chacun dépend de ses œuvres et que le mal qu'on n'a pas empêché est aussi coupable que celui qu'on a soi-même commis. Alexandrie a été bombardée ; fait de guerre, soit, et il n'est pas opportun ni même complètement possible encore de faire l'histoire de cette phase de la question.

Quoi qu'il en soit, quoi que la postérité vienne à apprendre un jour à ce sujet, le fait de guerre n'a été ni n'est que le résultat de la guerre utile. Les coupables avec évidence ont subi un châtiment qui ressemble de bien près à un acte de grâce pour ne pas dire de faveur. Des étrangers ont été victimes de la rébellion intérieure ou de ses conséquences ; et pour les indemniser, c'est à d'autres étrangers que la justice s'adresserait ! c'est ainsi qu'on importerait la notion du juste et de l'injuste en Egypte, dans ce peuple qui jusqu'à présent n'a connu du droit que l'arbitraire ! et l'on pousserait cette pratique de l'immoralité déguisée sous le nom de la politique ou sous le masque de la commisération jusqu'à récompenser ces barbares inconscients du prix des forfaits qui ont été commis en leur nom ! N'oublions donc pas que nous avons aussi nos Barbares, nous autres Européens civilisés du XIXe siècle ! Les canaux que vous allez creuser pour les Fellahs avec l'argent des créanciers s'appelleront les canaux des Colonels, et les fenians, les nihilistes, les collectivistes, les irrédentistes, les dynamitards de toute dénomination se pourront présenter aux masses et avec l'exemple autorisé de leurs gouvernements comme les bienfaiteurs du genre humain.

Non, nous ne pouvons nous résigner à croire que ces considérations eussent échappé à M. Gladstone, à un conseiller quelconque de la Reine, s'il était vrai que l'on eût osé leur suggérer de tels procédés. Au lendemain du bombardement d'Alexandrie, le *Foreign-Office* a, dans une pièce publiée dans ses *Blue Books*, pris position pour réclamer du Khédive l'indemnité due aux Anglais victimes de la rébellion d'Arabi : sera-t-il dit que le succès de Tell-el-Kébir et la résignation héroïque de la France auront suffi pour renverser tout ce que le droit des gens a conservé de moral, de bienfaisant ? Sera-t-il dit que les Parlements de France et d'Angleterre auront coopéré à cet acte de vandalisme à froid, et que les autres nations l'auront laissé s'accomplir ? Renvoyez-nous aux Catacombes, plus arrière encore, à l'âge de fer !

Non, ce n'est pas possible, ce n'est pas vrai, ni vraisemblable. Quoi qu'en dise aujourd'hui encore l'honorable M. Gabriel Charmes dans le *Journal des Débats*, quoi que pleure ou jubile le fanatisme de parti dans la presse de Londres, nous ne croyons pas que l'Angleterre ait entretenu de telles idées, ni qu'un ministre français, quel qu'il soit, y ait prêté l'oreille pour les réfuter même. Non, cela n'est pas ; le Cabinet dirigé par M. Gladstone n'a pas conçu de pareils projets, l'opposition des tories ne peut vouloir les lui imposer,

M. Jules Ferry n'a pas consenti à vérifier les droits légitimes de ses nationaux dans le but de procurer à un ministre étranger une popularité de mauvais aloi. Non, les négociations n'ont point touché cette corde qui sonne aussi faux à la politique qu'à l'intérêt bien entendu des Cabinets contractants ou intervenants. Cela n'est pas possible et laissons là toute autre argumentation. Dussions-nous nous tromper dans notre appréciation sur l'esprit qui a présidé aux négociations de Paris et de Londres, nous nous consolerions de notre erreur, et nous placerions notre confiance dans la fermeté de nos députés et de nos sénateurs, qui sauraient la manière de prêcher continence à des ministres altérés de vaines formules. Que le Parlement français fasse acte d'abnégation ! que dans sa seule ardeur à soutenir la cause du droit il cherche la réhabilitation de sa défaillance d'il y a deux ans ! Il n'aura pas besoin, sans doute, de convaincre le Cabinet des avantages que cette politique réserve à notre pays ; mais son assentiment étant nécessaire parce que celui du Parlement anglais est exigé, il accordera son vote à la modification de la loi de liquidation, à la restauration ou la transformation de la Caisse de la Dette, et le Parlement anglais, jaloux, lui aussi, de la bonne renommée de son pays dans les pays lointains, ne pourra manquer de lui faire cette concession de ne pas continuer à vouloir enrichir les siens des dépouilles d'autrui et des ruines de l'Egypte.

La Caisse de la Dette, telle qu'elle nous paraît devoir fonctionner désormais, aura ce pouvoir : quand les administrateurs en exercice lui voudront montrer des déficits budgétaires, elle saura leur indiquer les fonctionnaires superflus et la haute paie qui est plus que superflue pour ceux qui ne le sont pas eux-mêmes. Exerçant son droit d'investigation sur toutes les branches de l'administration, elle saura mettre au jour les abus qu'un zèle mal réglé y a introduits aux dépens des intérêts mêmes qu'ils ont l'air de servir; elle voudra collaborer à la reconstitution de l'Egypte autonome, en lui rendant ce qu'une diplomatie pour le moins imprévoyante a commis la faiblesse de lui enlever : nous voulons parler du principe d'autorité nationale.

Telles sont les idées que nous désirons entendre formuler demain, quand M. le Président du Conseil aura communiqué à la Chambre et à la nation l'état présent des négociations entre la France et l'Angleterre. Par leur réalisation, confiée à l'intelligence de ses plénipotentiaires à la Conférence et à l'intelligence de ses représentants près la Caisse de la Dette, notre gouvernement aura reconquis en Egypte et hors d'Egypte son influence bien incontestablement légitime.

Il sera fort indifférent de connaître le nom du prêteur ou les conditions du prêt : celui-ci ne deviendra jamais la rançon de la liberté égyptienne, et s'il faut renoncer à l'espoir de laisser bénéficier le pays des Pharaons des conditions du Crédit anglais, les garanties offertes au public par la Caisse de la Dette ne le feront pas regretter. *Dixi.*

IMPRIMERIE CENTRALE DES CHEMINS DE FER. — IMPRIMERIE CHAIX.
RUE BERGÈRE, 20, PARIS.

www.ingramcontent.com/pod-product-compliance
Lightning Source LLC
Chambersburg PA
CBHW051220050726

47594CB00007B/3296